131704

27
Ln 15059.

ORAISON FUNÈBRE

DE MONSEIGNEUR

PAUL NAUDO

ARCHEVÊQUE D'AVIGNON

Prononcée le 7 juin 1848

DANS LA MÉTROPOLE

EN PRÉSENCE DU CLERGÉ ET DES AUTORITÉS.

AVIGNON

SEGUIN AINÉ, IMPRIMEUR-LIBRAIRE

RUE BOUQUERIE, 13.

1848

ORAISON FUNÈBRE

DE MONSEIGNEUR

PAUL NAUDO,

ARCHEVÊQUE D'AVIGNON,

PRONONCÉE LE 7 JUIN 1848, DANS LA MÉTROPOLE, EN PRÉSENCE DU CLERGÉ ET DES AUTORITÉS.

> *In te, Domine, speravi.*
> C'est en vous, Seigneur, que j'ai mis mon espoir. (*Ps.* 30.)

MESSIEURS, — MES FRÈRES,

Tant que la vie reste en notre puissance et notre volonté aux mains de notre conseil; tant que l'homme habite ce lieu de changements et de vicissitudes, tout demeure incertain dans son état, tout est fragile dans son sort. Malgré la difficulté, des pervers se corrigent; malgré la grâce, des justes se démentent avant la fin : ainsi ne jugez pas, ne condamnez pas, ne canonisez pas encore; attendez : le ciel attend bien !

Qu'est-ce qu'on cache à Dieu, et qu'est-ce que Dieu ne cache pas ? Il est le grand *témoin*, le *maître*, le *juge* de tous; et tant que dure le règne de notre liberté, il fait l'aveugle, le muet, le sourd, l'insensible, l'impuissant; et il le fait si bien, que l'impie s'en prévaut et que le juste s'en trouble quelquefois.

Mais ni Dieu ni les hommes n'attendent longtemps. Après la vie, le jugement; le jugement en haut, le jugement en bas; le jugement de Dieu, le jugement des hommes; et l'on dit que, sur un cercueil qui passe, le jugement du peuple est un écho, un augure des arrêts de l'éternité.... Moi, je le crois, quand c'est la mémoire d'un prêtre que j'entends bénir. Mon Dieu, je compte bien que vos balances seront moins sévères que les lèvres des hommes, sur les vertus du sacerdoce.

M. F., nous ne savons pas ce que la sainteté divine aura désavoué dans l'auguste vie dont ce temple porte le deuil; nous ne le savons pas.... Voilà pourquoi nous mêlons encore nos prières à nos pleurs. Mais en priant, nous n'omettrons pas d'être justes, et de louer celui qui a traversé la vie en faisant le bien. Il est bon que les fidèles sachent ce que portent souvent de mérites les hommes qui passent parmi eux sous l'image si peu connue du prêtre.

Ici pourtant, fidèles d'Avignon, j'ajouterai peut-être à vos sentiments; je n'aurai pas à les créer. On nous l'a dit : quand vous vîtes votre pontife faire sa pâque, son *passage*, en tel mo-

ment et de telle manière ; faire son dernier aliment du breuvage de vie et d'immortalité ; faire de cet autel son lit de mort, comme le soldat ambitionne celui du champ d'honneur ; quand vous vîtes ces signes de prédestination planer sur le lugubre événement, vos cœurs, vos voix témoignèrent de vos regrets, mais aussi de votre admiration profonde. « *Voilà bien*, disiez-vous, *mourir*
« *comme un juste!* Il avait vécu comme un Saint ;
« il meurt dans les embrassements du Seigneur ;
« il passe de l'autel au ciel. »

En ces termes, c'est vous, M. F., qui avez commencé l'oraison funèbre de très-révérend et très-illustre Mgr. Paul Naudo, d'abord évêque de Nevers, mort archevêque d'Avignon. C'est nous qui allons la terminer, ou plutôt ce sera lui-même, l'évêque de nos âmes, qui, *prêtre* et *prophète* encore *après sa mort*, va nous instruire de dessous ces voiles funèbres, en nous ouvrant le livre de son histoire. Je ne fais qu'y suspendre une épigraphe pour éloge et pour leçon, et c'est la sienne que je prends : « *In te, Domine, speravi :* Mon Dieu, c'est en vous que j'ai mis mon espoir. » Vous vous en souvenez, c'était la profession de foi que sa main de pasteur attachait sur le frontispice des lettres qu'il vous envoyait. Ainsi on inscrit sur un drapeau un mot fécond qui est cher au cœur et qu'on veut faire triompher dans les faits. Eh bien! j'ai à vous dire que c'est ce principe divin qui nous a formé l'homme et le pontife tels que nous les avons vus l'un et l'autre. J'ai à vous montrer, pour votre instruction, qu'après avoir perfectionné et embelli les mœurs de cet homme de bien, ce sentiment d'espérance chrétienne a de même plus tard vivifié et béni les fonctions dont la Providence chargea le pontife.

PREMIÈRE PARTIE.

Parmi les célèbres maximes des anciens sages, était celle de *suivre Dieu*, de s'attacher à Dieu, *Deum sequere*. Effectivement, et d'après la seule raison, ce devrait être la tendance de toutes les vies. Celle de l'illustre défunt va nous apprendre que ce mouvement de l'âme vers Dieu est encore le bon génie du naturel, de l'esprit et des mœurs, de tout ce qui fait l'homme de bien.

C'est en 1794, il y a 54 ans, que Mgr. Naudo vit le jour. Son berceau fut aux Angles, petite cité du département des Pyrénées orientales. Le nom qu'il avait reçu de la naissance aurait pu rechercher dans le monde un prestige qui ne laisserait pas d'éblouir : son bisaïeul avait appartenu à la grande noblesse d'Espagne, sous le titre de duc de Vêne. Mais, M. F., plus on tiendra aux ambitions du ciel, plus on se passera toujours des avantages de la terre. Dans la tourmente qui changeait le monde, cette famille perdit ses titres domestiques, et elle les abandonna de la même main que d'autres vont exhumer les leurs du royaume de la fiction. Il est une prérogative qu'elle sauva de déchéance, c'est *l'antique vertu*. Droits et devoirs, mœurs et principes, elle en transmit, elle en laissa l'hérédité à tous les siens.

Mon Dieu, rendez-nous donc quelques-unes de ces familles qu'on appelait du beau nom de *patriarcales*, dont nos mères nous ont tant parlé, dont l'aspect aujourd'hui nous charme encore, comme l'oasis parmi les déserts.

Cette image, autrefois si touchante, de la vie de famille; ce culte jadis si vivant du foyer paternel; ce respect si religieux pour les parents; ce lien de piété passé comme une guirlande de fleurs autour d'une large ceinture de frères; ces scènes de mœurs domestiques auxquelles l'aïeul souriait si longtemps avant de s'éteindre; ce cercle de jours si exempts de nos émotions factices, si nourris des sentiments propres de notre nature, devaient influer sur l'enfance, comme la chaleur et la rosée sur les fleurs. Qui dira ce qu'une pareille influence a versé sur le printemps de notre archevêque futur, de cette sérénité calme, de cette bonté expansive, qui semblait le cachet de son cœur?

De bonne heure, la religion vint donner des racines et des sucs nourriciers à ce bon naturel, pour l'affermir et le développer.

A défaut d'Évangile, le jeune Paul aurait trouvé l'exemple des siens : la bonne vie des parents sera bien toujours le meilleur Évangile des enfants.

Doué d'une foi héroïque, son père s'était improvisé le champion de notre religion antique, dans des jours de *terreur*. Sauver des églises de la profanation; garder chez lui le feu sacré, je veux dire, les choses saintes, pour les rendre à l'humanité, qui chasse la religion dans un jour de délire, mais qui la redemande toujours un lendemain de malheurs,... tels étaient les dévouements dont cette famille était capable pour la foi. Dieu l'en récompensa, en prenant trois de ses fils pour l'Église, en conservant les autres dans le monde comme modèles de vertus.

Loin d'une telle maison toute tache à l'honneur; loin toute désertion des devoirs, tout oubli des pratiques chrétiennes : qui donc en eût été capable? La mère, madame Naudo, était chrétienne à jeûner deux fois par semaine, toute l'année, et toutes les années de sa vie prolongée. *Mon enfant, avez-vous entendu la messe ?* c'était la question de chaque dimanche. *Avez-vous fait vos prières ?* c'était la condition du premier repas des enfants. Donner à tous les indigents qui passent; ouvrir la maison comme l'hôtellerie du soir à ceux qui n'en ont pas ; ne jamais compter les pauvres à la porte, après n'avoir pas compté les enfants au foyer ; porter aux ménages nécessiteux le sel, l'huile, le pain, le vêtement; confier aux enfants ces ambassades de la charité, les leur faire envier, mériter comme prix de la sagesse ; former ainsi leur cœur à s'attendrir sur le malheur de leurs semblables ; consacrer leurs jeunes mains par la sainteté de l'aumône, et rendre aussi l'aumône plus agréable à Dieu et aux hommes, en la faisant passer par les mains les plus douces et les plus innocentes,... telles étaient les dignes habitudes de cette maison habitée par la crainte de Dieu. Joignez même qu'avec une telle foi, une telle conduite semble chose si naturelle, si unie, qu'il faut les coups du trépas pour en déchirer le voile; qu'il faut, pour vous en livrer aujourd'hui l'exemple, en avoir réclamé le secret au nom de la justice pour les morts.

A nous, M. F., aux familles, à toute la société, ces leçons sur la formation du jeune âge. Du berceau à la tombe, il y a sans doute bien des écueils dans fort peu de trajet; mais l'homme enfin, l'enfant encore moins, n'est pas vendu à la perversité; et puis, n'y a-t-il pas là-haut des dons parfaits toujours prêts à descendre? D'où vient donc que les vertus se font si rares, si difficultueuses, les dépravations si précoces, les aberrations si étranges, les retours si tardifs, si désespérés ? D'où vient ?... De ce que les familles ne savent pas, ne veulent pas, par des liens plus forts, rattacher les berceaux à Dieu, qui est leur foyer, et qui doit être leur soleil.

L'enfant qui grandit ici sous nos yeux, fut de ceux dont le premier pas dans le bien fait la direction de toute la vie. A l'entrée de diverses carrières, il aurait pu choisir entre plusieurs. Comme ses autres frères, il avait sous sa main les ressources de toutes les éducations spéciales; mais, sa foi précoce préfère à toutes les promesses du monde le partage de celui qui ne demandait à son Dieu que le séjour auprès de ses autels; et ce jeune homme, qui devait un jour occuper *un trône dans l'Église*, *ambitionnait la dernière place du sanctuaire*. Et pour s'éprendre d'ambitions si nouvelles, que faut-il ? un mot bien compris du livre éternel : *in te, Domine, speravi*. Il n'en fallut pas plus au jeune Paul : et certes, pour redire l'adage d'un Saint, « trop est avare à qui Dieu ne suffit. »

Jamais pourtant, ni envers personne, le ciel n'est en arrière de générosité. Le jeune Salomon n'avait demandé que la crainte de Dieu : Dieu y surajouta pour couronne, les dons de l'esprit et du cœur, et la paix fleurie de l'existence. Il bénit de la même main le sage enfant qui prenait Dieu seul pour son ambition et son trésor.

Ces premiers rudiments de la science, qu'il nous faut arroser de nos larmes, presque de notre sang, ne parurent que des jeux pour le béni de Dieu. Il semblait que tout lui devenait facile, accessible et ami, comme il l'était lui-même à Dieu et à tout le monde. Disciple d'abord d'un prêtre, son oncle, il n'eut pas quelque temps recueilli ses leçons, qu'il fut le second maître, et toujours le premier ami de ses égaux. Même tenue et mêmes succès à Carcassonne, où il dut se transporter pour couronner ses études. On s'étonna, lors du premier concours, quand on vit le nouveau venu replier ses livres un instant après la dictée, et se disposer à sortir de la classe. « Mon enfant, vous
« ne concourez donc pas ? — J'ai fini mon travail !
« — Et à peine avez-vous eu le temps de le bien
« lire ! — Pourtant je ne sais plus qu'y faire. » En effet, il avait fait assez pour prendre la priorité. Il ne la perdit plus. Pas d'automne scolaire, soit au collége, soit aux cours du grand séminaire (1), qui ne soit venu ombrager des premières palmes littéraires le front qui devait plus tard porter les bandelettes d'Aaron. A seize ans, sa carrière de belles-lettres était parcourue.

Cette facilité d'esprit qui comprend vite et juste,

---

(1) C'était l'usage du grand séminaire de Carcassonne, de décerner des prix pour les cours de philosophie et de théologie.

et plusieurs choses à la fois, qui ne va pas sans fruit creusant les abîmes ni escaladant les nuages, mais démêle et expose sans effort, sans secousses, ce qui est vraiment beau et utile dans un sujet, c'était le caractère, peut-être le don providentiel du jeune étudiant. Dieu l'appelait à être surtout un homme pratique, un *ouvrier*, comme on dit aujourd'hui, dans le champ de l'enseignement et de l'administration. Dieu semblait l'avoir doué exprès pour embrasser tous ces labeurs si variés, réussir dans les uns, suffire dans les autres, et n'avoir pas besoin de tout demander chaque fois à l'étude.

Cependant il s'ouvrit la carrière à tout; par de bonnes études préalables, il acquit cette variété de connaissances qui double les forces de l'esprit; et c'est l'enseignement, continué pendant seize ans, qui acheva de le former.

Il y a ici, M. F., remarquons-le en passant, un cercle vicieux dans la position qu'on fait au clergé de nos jours. Entendez ceux-ci : ils nous accablent sans cesse par l'inculpation d'ignorance. Voyez ceux-là : ils nous ferment de toute main, comme à des profanes, à des parias, les sources de la doctrine !...

A cette contradiction de nos contemporains, Monseigneur répondit un jour par un trait heureux de repartie et de conduite. Il se trouvait alors supérieur du grand séminaire de Perpignan ; son grand séminaire venait d'être fermé. Il était aussi vicaire général du diocèse. Son évêque avait été mis en fuite : c'était après 1830. Restait encore le petit séminaire de Prades ; on y élevait ceux des enfants du pays qui n'auraient pu se procurer l'éducation plus dispendieuse d'un département étranger. Ce n'était guère menaçant, ni pour la liberté, ni pour les lumières. N'importe : les municipaux du pays en prirent souci, et leur main tomba un jour sur cette école du pauvre comme un coup d'éteignoir. Les gens de bien gémirent ; et puis, comme partout, ils restaient là, courbant la tête. Mgr. Naudo se mit en campagne, et voici une de ses batailles, à lui dont le drapeau était la paix de tout le monde. Débarqué à l'hôtellerie de l'endroit, il entreprend d'abord le maître du logis, qui alors avait siége au conseil. A ce mandataire de la chose commune, il parle équité, droit de tous ; à cet hôte salarié des étrangers, à ce père de famille qui avait même un sien enfant dans l'établissement, il fait entendre la voix de l'intérêt ; à cet homme enfin qui portait un cœur comme tout le monde, il témoigne de la franche bonté, en implorant l'appui de son crédit ; si bien que, de son homme, il fait un converti, que le nouveau converti se charge de convertir ses collègues, et que l'ukase de suppression est rapporté le même jour.

Le lendemain, le modeste vainqueur s'en retournait avec des étrangers auxquels il était inconnu. Entre eux il fut bientôt question de la nouvelle du pays, de la démarche retrograde du conseil municipal, des vices prétendus de ces sortes d'écoles, puis de cette ignorance du clergé, dont il semble que nous avons le monopole proverbial. « A la « bonne heure ! dit enfin le grand vicaire, muet « jusque là, mais alors, laissez-nous le moyen « d'apprendre. Et le moyen, Messieurs, si l'on « nous ferme nos maisons d'étude? » Cette repartie l'ayant fait entrer dans la conversation, il dut parler encore; et bien vite il eut laissé voir, sans même y prétendre, que si les prêtres savent de bonnes choses que les autres ignorent, ils n'ignorent pas, pour cela, tout ce que les autres savent, ou même ne savent pas toujours.

L'abbé Naudo était fait pour en témoigner. Au sortir même de l'étude de la philosophie, on lui en avait offert la chaire. Par raison de santé, il n'y monta que plus tard; mais il professa cette science plusieurs années, et sa philosophie était celle qui a des principes, qui est intelligible et qui connaît son but. Le même titre de professeur le rendit profond et le retint longtemps dans cette étude de la théologie, qui, sans qu'on s'en doute, est au centre et à la circonférence de toutes nos lumières, comme le soleil dans notre univers. Enfin, si on ne le savait pas, ses écrits seuls prouveraient le riche commerce qu'il eut avec ce *Verbe de Dieu*, cette écriture sacrée dont les plus beaux génies furent toujours les tributaires. Encore ne se renferma-t-il pas dans le cercle de cette spécialité du prêtre : physique et chimie, astronomie et botanique, etc. ces sciences humaines eurent de l'attrait pour lui et lui dérobèrent des heures ; il en suivait les cours en ville tant qu'il pouvait; puis, il rapportait aux jeunes lévites les rayons, ou du moins les étincelles qu'il dérobait à chaque science; et nouveau Moïse, il leur enseignait comment ces dépouilles de l'Égypte pouvaient servir à l'ornement du sanctuaire.

Tel était notre pontife, M. F., tels il voulait, tels il formait ses prêtres. A Nevers comme ici, ceux qui ont lu ses programmes de conférences ecclésiastiques n'ignorent pas qu'après les vraies doctrines de Dieu et de l'âme, son zèle éclairé n'omit jamais d'ajouter chaque fois quelques questions utiles sur la science des corps et les lois de la création.

Il voilait assez bien cependant, même trop quelquefois, la splendeur de mérite dont il aurait pu à bon droit se parer de ce côté. Était-ce en lui surcharge des affaires, modestie, piété, tranquillité de mœurs? Oui, tout cela, M. F. Du reste, ceux qui avaient le bonheur de l'approcher ne regrettaient pas ce que leur dérobait cet innocent artifice. On aimait à ne voir en lui que l'homme aimable et saint, et il y avait en toute sa personne, comme un reflet des qualités du cœur, qui effaçait toute autre idée, toute autre impression à son aspect.

Autant ou plus que lui, d'autres sont pourvus des mérites qui ornent ou prédisposent un sujet; et puis, ces aptitudes reconnues se trouvent stériles, en défaut, dans les faits. Le mérite de Monseigneur était surtout pratique, sans prétention, mais non sans efficacité. D'autres ont la puissance de la tête ou du bras; et puis, c'est leur personne ou leur allure qui déplaît : il n'y avait rien de mieux chez Monseigneur que lui-même; partout, il doublait sa valeur et son succès par sa présence. D'autres respirent aussi la dignité et la sainteté de leur état; mais leur air emprunté rebute ou décourage. Monseigneur tenait de saint François de Sales; ce qu'il rendait le mieux, c'était l'aménité et les attraits de la vertu. D'autres encore conservent la paix et la possession de leur âme; mais ou elle n'est que conquise, et elle sent encore la contention et l'effort; ou elle n'émane que de nature, et elle est morte et languissante. La grâce et la nature formaient, chez Monseigneur, comme un tout harmonieux; il y avait de la force dans sa douceur, quoiqu'on sentît en lui encore plus de douceur que de force. Enfin, d'autres marquent par la bonté, qui est bien le meilleur de l'homme avec la vertu; mais ici, elle est molle ou partiale, et elle ne se donne trop aux uns qu'au détriment des autres; là, elle est maniérée et politique, et elle ne prend pas d'empire; ici, elle est inquiète et empressée, et elle fatigue; là, protectrice, et elle humilie, ou trop obséquieuse, et elle déplaît; ou humoriste, et il faut deviner ses moments; ou enfin limitée dans sa mesure et dans ses choix, et elle manque de souplesse et d'étendue. La vertu de Monseigneur eut un caractère mieux dessiné, et s'est montrée presque exempte de toutes ces ombres.

Il y avait un don du ciel, M. F., croyez-le, dans cet ensemble si bien fait et si bien maintenu. Eh! que d'autres aussi, qui semblaient bien venus, bien doués, bien placés, et dont les qualités s'aigrissent, se troublent, dégénèrent! Ne l'oubliez pas, les solides mérites répondent à de solides vertus. Voulez-vous la paix des enfants de Dieu, dit l'auteur de *l'Imitation*, gardez le pied de guerre contre la nature. *Si vis pacem, para bellum.* Quand donc une âme se montre si douce, si soumise, si contente partout, c'est que Dieu l'aura faite bonne d'abord, mais c'est aussi que les vertus armées de l'Évangile ne lui auront pas fait peur.

Monseigneur, dès le plus jeune âge, en a offert

des traits presque dignes de l'héroïcité : j'en prends deux au hasard. Un jour, enfant encore, il fut trouvé dans une scène de dissipation écolière, pris à tort pour le coupable, et soumis seul à la punition. Nul doute qu'obéir était son devoir, mais se justifier était aussi son droit. Petit héros chrétien, il choisit de souffrir en silence, et ce n'est qu'après quelques jours, et par une autre voix que la sienne, qu'on apprit son innocence et qu'on admira sa vertu.

Bientôt après, c'est une infirmité qui l'enveloppe, en son printemps, de l'ombre de la mort : un polype dans les organes de la respiration détruit pour lui toutes les espérances de la vie. Rien n'est changé ni dans son caractère ni dans ses habitudes. Or, ici, il n'eut pas assez de la résignation, il lui fallut souvent invoquer la constance des martyrs. Que de fois il dut s'abandonner aux plus douloureuses opérations ! que de fois il en sortit tout nageant dans son sang, et toujours sans autre fruit que celui de la patience chrétienne, sans autre perspective que celle de souffrir et de mourir après ! Enfin, c'est de son industrie, combinée, comme Dieu sait, avec sa piété, qu'il devait attendre sa délivrance. Après une dernière exécution qu'il dirige lui-même, et après un vœu à la Sainte Vierge, tendre objet de son culte, le mal fut extirpé, et céda de lui-même, le beau jour de l'Assomption.

Sa vie menacée reprit ainsi racine ; il lui sembla qu'il la recevait du ciel une seconde fois, et qu'il en devrait une fois de plus l'hommage et le fruit à son Dieu.

Telle était, M. F., telle fut toujours la réciprocité féconde et touchante entre Dieu et son serviteur : l'un ne faisait qu'espérer, l'autre n'oubliait jamais de donner. *In te, Domine, speravi.* Pas un mouvement de cette âme qui ne fût une tendance vers Dieu ; pas un moment de cette vie que Dieu n'ait prévenu de ses plus précieuses faveurs. Dons heureux du naturel, ouverture de l'esprit, droiture du cœur : le jeune Paul avait tout reçu de Dieu ; il fit fructifier tous ces talents, et resta soumis et dévoué à Dieu, il fit bien ! Par surcroît, Dieu enrichit l'extérieur de ce reflet d'en haut qui est la perfection de chaque don de la nature, et il vivifia l'intérieur, par ce principe surnaturel de christianisme que la mort ne fait qu'épanouir dans notre vraie patrie.

C'est sous les mêmes auspices, avec les mêmes sentiments et les mêmes secours, que Mgr Naudo entra dans sa carrière de pontife ; et là, il nous apprend encore comment il faut compter avec Dieu dans les missions dont l'âge d'homme nous confie le mandat.

SECONDE PARTIE.

Il faut, pour le souverain sacerdoce, il faut d'abord ne pas en usurper la charge d'une main téméraire, intéressée, ambitieuse.

Mais il ne faut pas moins, quand on a vu l'étoile du ciel, entrer avec confiance dans la destination que Dieu ouvre à nos pas.

Il faudra, après, en soutenir les devoirs avec toute sorte de fidélité.

Il surgira parfois des crises difficiles, et il faudra ne pas faire *sa vie plus précieuse* que l'intérêt de tous, mais s'oubliant soi-même et comptant bien sur Dieu, juger possibles et tenter toute sorte de biens.

Enfin, Dieu permettra, ménagera des revers et des épreuves, et il faudra adorer les desseins cachés de la Providence, et, en attendant son heure, sans haine, sans abattement, cueillir les fruits de la vertu dans les épines de la tribulation.

C'est là ce que fera l'homme de l'espérance chrétienne ; c'est ce que nous voyons dans notre archevêque ; c'est ce qui donna grâce à son ministère et couronna quelquefois ses entreprises, ce qui fut toujours l'ancre de sa fermeté et l'aliment de ses vertus.

Et d'abord, que ce soit à Dieu, maître de notre vie, de nous en désigner les fonctions, de nous en assigner le poste, c'est ce qui n'est contestable pour la foi de personne, hélas ! et ce qui n'est observé que par la piété d'un petit nombre ; mais spécialement, qu'aucune main ne puisse se porter d'elle-même sur les insignes d'Aaron, c'est ce qui est prescrit par le livre éternel, ce qui est pratiqué dans l'Église de Dieu toujours sainte, et ce qui surprend les séculiers, ou même les trouve incrédules. On ne comprend donc plus qu'il y ait des hommes restés étrangers ou devenus supérieurs aux tendances dépravées de notre nature. Passe ! si on nie le surnaturel ; mais je plains ceux qui n'ont plus le sens ni de Dieu ni de ses dons. Cependant, socialement parlant, vous aurez beau mettre, par vos institutions, le bâton de maréchal dans la giberne de tous vos soldats, de fait heureusement, vous ne le mettrez pas dans la tête d'un grand nombre. Eh bien ! de même, et à plus juste titre, dans l'ordre chrétien, vous verrez toujours les bons prêtres, ceux surtout que le doigt de Dieu désigne d'avance pour les grandes places de son Église, être doués par lui de toutes les vertus d'un évêque, mais, autant que possible, oublier, refuser d'en porter les couleurs.

Entre tant d'autres, c'est ce que fit Mgr Paul. Les services qu'il avait rendus à l'Église dans tous les rangs de la hiérarchie sacrée ; la confiance toujours croissante que son évêque mettait en lui pour les affaires, après l'avoir formé par ses exemples et ses conseils ; la connaissance qu'il avait acquise, par sa position et ses antécédents, des mœurs et des devoirs du sacerdoce ; l'intégrité de sa propre vie ; les succès obtenus dans le maniement des cœurs et des affaires, un jour ou l'autre, cet ensemble devait faire penser à lui dans les régions supérieures... On y pensa plus tôt que lui ; et on le surprit tellement d'y avoir pensé, qu'étourdi de la proposition, sans consulter personne, pas même l'évêque de son cœur, avec qui il était en tournée, il mit la lettre au feu, et répondit par un non absolu.

Seigneur, vraiment cette âme n'espérait qu'en vous, et toutes ses ambitions montaient, comme sa foi, au ciel. *In te, Domine, speravi.*

C'est à l'évêché de Clermont que sa modestie opposait ce refus. L'année d'après, vaqua le siége de Nevers ; il y fut porté officiellement, c'était par les plus sincères des moyens qu'on a faits à l'Église pour recruter son apostolat. Il pouvait, on jugea qu'il devait y reconnaître le choix de Dieu ; il voulut cependant en écarter toute action de sa main : c'est un autre qu'il chargea de répondre pour lui aux informations demandées. « Vous écrirez, dit-
« il, ce que vous voudrez ; je ne le verrai pas. »
Dans cette enquête, on n'oublie guère de rechercher la couleur de l'opinion. Remarquez celle de Monseigneur donnée officiellement : « Sa politique

« sera de gagner tous les cœurs, mais pour les
« soulever vers Dieu ; de passer comme un ange
« de paix entre les opinions les plus divergentes ;
« et si l'on refuse sa médiation, de monter, comme
« Moïse, pour prier, au-dessus des tempêtes qui
« tourmentent ce monde. »

C'est avec ce drapeau, M. F., le seul donné aux prêtres, que le nouvel élu aborde et qu'il parcourra sa nouvelle carrière. Il y suspendit sa chère devise : *In te, Domine, speravi* : Seigneur, mes vœux volent à vous comme mes ambitions. Et certes, il est besoin de ce cri surhumain d'espérance, quand on touche d'un pied tremblant le seuil d'une sévère vocation !

Fidèles de Nevers, vous savez comme cette chaîne des devoirs du pontife passait devant ses yeux longue et majestueuse ; il vous le peignait si bien dans ses premières paroles ! Et vous, fidèles d'Avignon, vous avez vu avec quel saisissement il contemplait, en entrant dans vos murs, les ombres antiques de ses prédécesseurs, ces mémoires illustres dont plusieurs sont encadrées dans l'auréole des Saints, et ces images des vicaires de Jésus-Christ qui ont pesé dans cette métropole, sur ce siége de marbre, les destinées religieuses du monde... Mais vous savez aussi, fidèles des deux diocèses, de quel air il levait ses yeux vers la sagesse d'en haut ; avec quelle ferveur il demandait le conseil, et la force, et la science, et la piété, et la crainte de Dieu, et enfin, dans quels tendres sentiments il vous consacrait, ô Marie, pour votre gloire et votre amour, sa personne et ses œuvres, la bergerie et le pasteur !

Entrer dans un état sous ces rayons de *l'espérance en Dieu*, c'est prêter son cœur aux plus doux sentiments, c'est surtout donner gage qu'on ne trahira pas ses devoirs. Ceux de l'évêque sont bien lourds cependant sur des épaules d'homme ! « Il
« faudra, dit saint Paul, qu'il soit irréprochable,
« à titre de chef de la maison de Dieu, point su-
« perbe, ni colère, ni violent et prompt à frapper,
« ni sensible au sordide gain, mais qu'on le trouve
« charitable, doux, affable, sobre, juste, saint
« dans sa vie et dans ses mœurs, embrassant de
« tout cœur les vérités de la foi, telles qu'on les
« lui a enseignées, afin qu'il soit capable d'ex-
« horter selon la saine doctrine, et de convaincre
« ceux qui la combattent; enfin, qu'il soit modèle
« de bonnes œuvres en toutes choses, et dans la
« manière d'instruire, et dans la pureté de mœurs,
« et dans la gravité de sa conduite. » (*Tite* 1 *et* 2.)

Que de devoirs, M. F., cachés sous toutes ces syllabes ! Pourtant, après huit ans d'épiscopat, le diocèse de Nevers les rassemblait comme une couronne d'éloges sur le pontife qu'il vous envoyait, hélas ! *le cœur déchiré de regrets !*

Ici, M. F., dans ce diocèse, grâce à la situation, votre archevêque n'a trouvé place à rien tant qu'aux œuvres de la charité; mais que n'eut-il pas à fonder, à affermir dans son premier troupeau ! En entrant dans son diocèse, il trouve à peine la moitié de ses prêtres nés dans le pays; en le parcourant, il fait sortir, pour ainsi dire, les vocations sous ses pas. Comment, me direz-vous ? En recherchant l'enfance avec les yeux et le cœur de son divin Maître. Dans les écoles, çà et là, même dans les familles, pendant qu'il les bénissait tous, il disait : « *Toi, enfant, tu seras prophète du Très-« Haut.* » Et quand il l'avait dit, il fallait que cela fût ; car connaître les hommes, et vite et bien, c'était son don, et à défaut d'autre ressource, c'est lui qui se faisait le caissier universel. En peu de temps, à Nevers comme à Avignon, il met son diocèse au rang le plus distingué dans les états de services rendus à la sainte Œuvre de la propagation de la foi; il rétablit dans le premier de ces diocèses les conférences ecclésiastiques, foyer d'études, de zèle et d'union parmi le clergé; enfin, grâce à son crédit ou à ses libéralités, plus de cinquante églises sortent de leurs ruines ou de leurs fondements.

Après la maison de Dieu, dont la dignité lui tenait tant à cœur, c'est sur vous, saints asiles de la piété, que se penchaient, plus tendres, et ses yeux et son cœur. Ames bénies de Dieu, peut-on en moins faire pour vous ? Vous êtes les perles de l'Église chrétienne ; chez vous, chaque désir de Dieu, chaque lettre de l'Évangile, va fleurir sous la forme d'une vertu ; et qui mieux que vous répondra : Nous voici ! à tous les dévouements de la charité et de l'éducation?

En face de ces intérêts sacrés, un évêque ne peut épargner ni les soins, ni les sacrifices, ni le zèle à tout entreprendre, s'il le faut même, à tout endurer.

J'avoue que, dans les sentinelles d'Israël, ce zèle actif et vigilant sera toujours exposé à la contradiction du monde ; mais enfin, dites-le-moi, quand on voit une science orgueilleuse sonner, sans même se cacher, les funérailles du catholicisme ; quand on entend répéter que *la raison cultivée par l'étude est la source de toute moralité* (1); quand on voit ce naturalisme avoué menacer de s'épandre au loin sur les intelligences ; quand on entend gronder déjà les tempêtes que ces doctrines recèlent dans leurs flancs, et enfin, quand on sent, d'une part, qu'en dehors de la foi, notre siècle, si ardent et si incertain, peut tout mettre en question, tout en péril, jusqu'à la nature et ses lois,

---

(1) Paroles du discours d'un professeur de Rhétorique, prononcé au collége d'Avignon, à la distribution des prix, en présence de l'Archevêque.

et que, d'autre part, on porte, sous la garde de sa conscience, le mandat des choses divines, peut-on, doit-on fermer ses lèvres, ses yeux, ses mains, son cœur? Non, M. F., ou l'on n'aime ni Dieu ni les hommes. Et d'ailleurs, ce silence fût-il innocent, rendrait-il la plaie moins profonde, le danger moins réel? hélas! non. A Dieu ne plaise que nous nous réputions jamais ou rebelles ou malfaisants, pour mettre les efforts de notre vie à détourner les cœurs du vice, à les imprégner de vertus, de toutes les vertus, à prêcher l'amour et la crainte de Dieu, la justice et la charité envers tout le monde : qui ne sait que c'est là *toute la loi et les prophètes*? Qui peut nier que c'est aussi la grande, mais la seule ambition de ceux qui vraiment mettent leur espoir en Dieu? *In te, Domine, speravi.*

A preuve: qui jamais fut plus humain, plus conciliant que notre archevêque? qui même a connu plus de dévouements pour le triomphe de la paix? C'est à lui, à son évêque, que Clamecy dut son salut dans une grave circonstance. A l'apparition des nouveaux poids et mesures, la ville se remplit de tumulte et les esprits d'égarement; ce n'était, disait-on, qu'une spéculation des riches pour donner moins et pour gagner plus; on s'obstinait à les repousser; déjà deux fois l'ordre avait été troublé gravement. Cependant force devait rester à la loi.

Préfet du département, général de division, brigades de gendarmerie, huit escadrons de cavalerie, un bataillon de ligne, tous les pouvoirs publics, de grandes forces militaires, s'étaient transportés sur les lieux, mais plus de quatre mille rebelles aussi s'étaient massés sur les rivages de l'Yonne ; et on en était là de part et d'autre, attendant le marché du lendemain.

A cet aspect des lieux et des esprits, l'autorité comprit que son triomphe, fût-il assuré, serait arrosé de trop de larmes et de sang. Cependant on s'était trop avancé pour reculer, sans compromettre le pouvoir. Il n'y a que Monseigneur, dit-on, l'autorité morale et la sienne qui puissent nous tirer d'ici ! Vite donc, un gendarme lui est dépêché à franc-étrier ; la patrie à genoux l'adjure de venir sur ce champ de désordre avant qu'il ne devienne un champ de désastres. Belle était cette mission, mais pas sans péril. On tremble de suivre l'évêque ; un seul y consent, lui-même brûle sa correspondance avant de partir ; encore qui sait s'il ne va pas sans fruit se compromettre dans un trouble d'un ordre tout matériel ?... Évêque, l'espérance en Dieu ne raisonne pas ainsi. Voici du bien à faire ; ta vie d'ailleurs ne vaut pas plus qu'une bonne œuvre ; espère en Dieu, et en avant !

En effet, le nouveau Flavien est déjà en marche, portant dans ses mains le salut et la paix. C'était l'aspect d'une place assiégée, et toute la population frémissante sur les rives du fleuve, voilà cette fois l'appareil qui marqua l'entrée du pontife. Il faut, M. F., avoir vu ces spectacles, pour sentir l'émotion qui saisit les âmes, quand on vit paraître l'homme de Dieu. On subissait déjà ces transes qui avertissent des malheurs, et il venait ! il s'exposait lui-même, il serait là, le lendemain ; il bénissait déjà de cet air qui n'était qu'à lui ; plusieurs sous sa main se courbaient, s'agenouillaient, visiblement émus. Ému lui-même, il dit à son unique compagnon : « La bataille est gagnée ; la journée « de demain sera bonne. » En effet, il se rend d'abord à la maison de Dieu et de tous ; plusieurs l'y suivent ; on en appelle d'autres avec quelques timides sons de cloche ; il fait entendre quelques mots de piété et d'espérance ; puis on prie devant Dieu pour des pères, des frères, des époux, des concitoyens. En de tels moments, il n'y a que les choses divines pour apaiser les uns, consoler les autres, saisir fortement tout le monde. Le lendemain venu, après sa messe dite, ordre du jour qui lui était sacré, il va le long des groupes, descend jusque sur les radeaux des flotteurs, porte çà et là de ces paroles qui préviennent la confiance, dissipent l'égarement et abattent les colères ; aux plus compromis, il se donne pour garant qu'aucun mal ne leur sera fait, ou que lui-même il obtiendra leur grâce...

et tout cède à cette puissance désarmée de la religion.

Cette fois, son laurier pacifique ne fit point d'ombrage ; soit du pouvoir suprême, soit du conseil de département, il lui vint les adresses les plus flatteuses pour le remercier ; et lui, Seigneur, vous le savez, il mit tout à vos pieds, comme un trophée de la *confiance en vous*. *In te, Domine, speravi.*

Sa vie en compta d'autres. L'année d'après, aux élections de 1838, il eut à se jeter entre deux armes à feu déjà fumantes ; il le fit avec le même zèle et le même succès ; et sans lui, la préfecture n'aurait reçu le soir qu'un cadavre, ou un homme public couvert du sang d'un autre homme public. Voilà des services, M. F., aussi utiles à un pays que précieux à l'humanité.

La Nièvre s'en montra digne appréciatrice : on sait que, tous les ans, le conseil du département lui a voté par une adresse la reconnaissance du pays et les sentiments de tous. Or, les faits n'étaient pas au-dessous des paroles : dans les allocations de secours, soit pour le culte et les prêtres infirmes, soit pour les établissements de charité et de bienfaisance, c'était à la sagesse de l'évêque qu'on en confiait la répartition, sans jamais accepter de sa loyauté aucun rendement de compte : nobles démarches, qui honorent peut-être autant ceux qui les font que celui qui en est l'objet !

A son pontife, qui osait tout, en *espérant en lui*, Dieu donna ainsi longtemps de beaux et doux succès, pour embellir et féconder son ministère; et puis, vous l'attendez ! Dieu lui partagea les épreuves et les tribulations. Il avait joui jusque là, je l'ai dit, à Avignon, comme à Nevers, comme à Perpignan, de la meilleure entente avec tous les pouvoirs publics, et c'était bien le vœu, tant de son caractère que de sa religion ; mais il n'est guère d'homme, surtout d'homme public, d'évêque encore moins, qui ait le bonheur de contenter toujours (1). Sans même avoir des consignes aussi sévères que nos pasteurs, vous aussi, guerriers dans les camps, juges des tribunaux, magistrats de nos cités, vous tous, hommes de bien, vous connaissez des heures où les sévérités de la conscience résistent aux plus grands entraînements du cœur. Cette heure ne sonna que trop pour l'archevêque; elle déchira son âme, mais elle n'altéra pas ses mœurs. Entre tant d'écueils réunis; entre ceux qui lui reprochaient l'obstination et ceux qui l'accusaient de faiblesse et de lenteur, le pontife passa, et sortit sous ses traits habituels, toujours confiant en Dieu, fidèle à sa conscience, ami de la paix, secourable envers le malheur, paternel envers tous, n'ayant offensé personne, et pardonnant à

---

(1) Allusion a l'affaire des Religieuses de l'hôpital d'Avignon.

ceux qui s'oubliaient à son égard. Et aujourd'hui, voyez! il reçoit sur sa cendre un honneur que son âme attendrie doit contempler du haut du ciel : l'hommage de tous les pouvoirs publics, de l'Église, de la patrie et de la cité ; et ce concours brillant de toutes les classes de ses diocésains qui publient hautement : Nous apportons cette couronne sur la tombe de l'homme de bien !... Mon Dieu, qu'il fait bon *espérer* en vous ! vraiment, on n'est jamais *confondu*, ni dans le calme ni dans l'orage, ni à la vie ni à la mort. *In te, Domine, speravi, non confundar in œternum!*

Cependant, quand un homme public, un juste surtout, ne marche plus qu'enveloppé des ombres de la tribulation, c'est signe qu'il s'en va. Après avoir donné à ses serviteurs le moyen de faire le bien ici-bas et l'occasion d'y souffrir quelque chose, Dieu n'a plus rien à leur donner que le fruit de leur espérance. Il s'en allait ainsi, M. F., le pontife que nous pleurons, il s'en allait avec un redoublement de patience et un redoublement de charité.

Nous n'oublions plus la miséricorde, quand nous la tenons des leçons d'une mère chrétienne : celle de notre pasteur dura jusqu'à la fin ; et elle connut, même aux derniers jours, de plus grandes effusions, comme si elle eût senti que son heure approchait. Demandez à plusieurs églises, à cette métropole, où d'un seul jet il versait trois milliers de francs pour la maîtrise ; demandez aux lévites des séminaires et à nombre d'écoles du diocèse dont il soutenait la charge; demandez aux maisons de secours et à tant de nécessiteux du pays et de l'étranger : sans tout connaître encore, vous vous étonnerez qu'un homme puisse, dans sa vie, semer tant de bien sur ses pas... il le fera pourtant, pourvu qu'il ait foi en Dieu ! Mais à qui avoir foi, M. F., si ce n'est en Dieu ? à qui dans la vie ? à qui surtout dans la mort ? Oui, oui, comptez sur la santé, comptez sur la nature, comptez sur le monde et les biens ! Et puis, venez voir celui-ci tomber comme d'un coup de foudre, et en un clin d'œil, disparaître du nombre des vivants !... O néant de la vie ! ô néant de ce monde ! néant de nos espérances humaines ! néant de tout ce qui n'est pas Dieu ! Quelle mort, M. F., quelle terrible mort, si l'on n'avait pas servi Dieu ! Mais quelle mort, empreinte des signes du ciel, après les vertus précédentes !

Le beau jour de Pâques, au matin, le pontife était à l'autel, penché sur le sacrifice. Toujours, il le disait, il avait commencé sa journée par la sainte messe ; il commença de même sa grande action, celle de mourir ! Toujours il avait édifié la *couronne de ses frères* répandue autour de l'autel; ce jour-là, il les saisit par une piété pénétrante. Toujours, en fidèle pontife, il avait *prié ici pour le peuple et pour la cité* que ce sanctuaire domine. Ce jour-là, les destins de la ville et de la patrie tremblaient dans l'urne qu'on venait d'ouvrir ; ce jour-là, par une crainte superflue, mais délicate, d'offenser qui que ce fût, il s'abstint de son droit de voter, en recommandant aux siens leur devoir, et il s'en vint ici jeter dans la balance le sang de l'Agneau de la paix. Et si souvent, fidèles d'Avignon, comme celui dont il portait le nom, comme saint Paul, votre archevêque désira, pour tous vos intérêts, de *s'immoler lui-même en surplus de son sacrifice!* Ce jour-là, hélas! le ciel le prit au mot! et à peine le sacrifice commencé dans ses mains était consommé dans son cœur.... tout plein de Dieu encore, il tomba confondu avec sa victime; et, victime et pontife, sacrifice et sacrificateur, Dieu enveloppa tout de sa majesté et ravit tout au ciel !... hormis sa cendre dans ce sanctuaire, et son image dans nos cœurs!

Pontife auguste et vénéré, nous gardons de vous cette espérance ; votre digne vie en est le fondement, et la piété de vos enfants vous en souhaite l'effet.

Recevez, du sein de la tombe, nos adieux et nos regrets. Recevez nos prières pour le repos de votre âme, s'il en est besoin encore. Et dès que vous serez auprès de Dieu, appelez ses regards et ses soins sur cette antique église, que vous laissez comme une auguste veuve, voilée dans son deuil.

Et nous, M. F., emportons notre fruit de ces spectacles de la tombe, de ces graves enseignements. Espérons bien en Dieu; *in te, Domine, speravi;* espérons en Dieu comme le pontife qui nous guidait sous cet étendard. Vous le voyez, c'est ce qui seul est solide parmi les fragilités de ce monde ; c'est ce qui perfectionne et embellit les mœurs ; c'est ce qui vivifie et féconde les fonctions que la Providence peut nous attribuer.

Mais, comme lui encore, en espérant en Dieu, comptons bien avec la vertu. Un jour, pour nous aussi, quand tout le reste s'écroulera sous nos pieds, cette vie d'espérance et de mérites restera sur notre tombe comme un parfum d'édification, et elle montera avec notre âme, comme une couronne de bonheur ! *Amen.*

D. O. M.

HIC RESURRECTIONEM EXPECTAT
ILLUSTRISS. ET REVERENDISS. IN CHRISTO PATER,
PAULUS NAUDO,
AVENIONENSIS ARCHIEPISCOPUS, DOMO RUSCINONENSIS,
VIX TRIGESIMUM ANNUM AGENS SEMINARIO SUÆ DIOECESIS PRÆPOSITUS,
EPISCOPUS PRIMUM NIVERNII, POSTEA AD HANCCE SEDEM TRANSLATUS,
DOCTRINA, PIETATE CETERISQUE VIRTUTIBUS CLARUS.
DIE SANCTO PASCHÆ, XXIII. MENS. APRIL. ANN. MDCCCXLVIII.
SACRA SOLEMNITER PERAGENS,
POST SUMPTAM QUASI IN VIATICUM PROPRIIS MANIBUS COMMUNIONEM,
VELUT FULMINE TACTUS, EXANIMIS CECIDIT,
POPULO CIRCUMSTANTE ATTONITO ET LUGENTE.
VIXIT ANN. LIII. MENS. VI.
BEATI MORTUI QUI IN DOMINO MORIUNTUR.

R. I. P.

www.ingramcontent.com/pod-product-compliance
Lightning Source LLC
Chambersburg PA
CBHW060525050426
42451CB00009B/1172